22
ORTE

22 ORTE IN NORWEGEN
DIE DU SEHEN MUSST

FOTOS PÁLL STEFÁNSSON
TEXT NIC CAVELL

NATIONAL GEOGRAPHIC

INHALT

1. NORDKAP

2. ALTA

3. LOFOTEN

4. BODØ

5. MO I RANA

6. TRØNDELAG

7. RØROS

8. ATLANTIKSTRASSE

9. ÅLESUND

10. GEIRANGERFJORD

11. JOSTEDAL

12. SOGNEFJORD

13. STABKIRCHE VON URNES

14. FLÅMSBAHN

15. BERGEN

16. GEILO

17. GUDBRANDSDAL

18. VØRINGSFOSSEN

19. STAVANGER

20. OPERNHAUS VON OSLO

21. VIGELAND-SKULPTURENPARK

22. KRISTIANSAND

1

NORDKAP

Der Ort. Ein gewaltiger Felsvorsprung aus Granit, der am nördlichsten Breitengrad Europas (71°10'21") steil zum Meer abfällt.

Der wahre Norden? Das Nordkap wird meist als der nördlichste Punkt des europäischen Kontinents bezeichnet. Das stimmt nicht ganz, denn die benachbarte Landzunge Knivskjellodden erstreckt sich genau 1,5 Kilometer weiter nördlich in die See. Doch wer am Rand der Steilküste 307 Meter über dem Meeresspiegel steht, während sich das Licht der Mitternachtssonne auf den Felsen bricht, fragt nicht nach dem Breitengrad. Wenn sich die Arktische See vor einem ausbreitet und man den Wind im Nacken spürt, scheint der Nordpol direkt am Horizont zu liegen.

Berühmte Aussichten. Das Nordkap hat trotz seiner Lage im äußersten Norden seit dem Beginn des modernen Tourismus Mitte des 19. Jahrhunderts Scharen von Besuchern angezogen, die die spektakuläre Mitternachtssonne mit eigenen Augen sehen wollen. Auch wenn das Wetter am Nordkap unvorhersehbar ist und das mitternächtliche Licht nicht immer durch die Wolken dringt, ist der Schein der Sonne, die geisterhaft über dem bronzenen Horizont schwebt, unbeschreiblich. Wer das Schauspiel verpasst, kann es immerhin auf einer breiten Leinwand im unterirdischen Kino der Nordkaphalle betrachten.

Symbol des Nordens. Das Wahrzeichen des Nordkaps ist eine Weltkugel, die 1978 aufgestellt wurde. Dünne Ringe aus Stahl stellen die Längen- und Breitengrade dar, die einander kreuzen und eine Kugel formen. Ein Foto mit der Weltkugel im Widerschein der nächtlichen Sonne ist der ultimative Beweis, diesen majestätischen Ort erreicht zu haben – sofern das Wetter mitspielt.

Held des nordischen Hochlands. Das Nordkap liegt auf der Insel Magerøya, auf der einige Tausend Menschen leben. Nach der sommerlichen Euphorie der Mitternachtssonne erleben sie im Winter grimmige Stürme und nahezu permanente Dunkelheit. Ihre größte Tragödie erlebte die Gemeinde am Ende des Zweiten Weltkriegs, als die abziehenden deutschen Soldaten jedes Haus auf der Insel dem Erdboden gleichmachten. Ein Hund, der 1940 auf einem Schiff nach Schottland entkommen konnte, setzte dagegen ein Zeichen der Hoffnung. Das Bild von dem Vierbeiner namens Bamse, der stolz die Mütze eines Seefahrers trug, wurde zu einem beliebten Motiv für Weihnachtskarten, die norwegische Soldaten, die auf Seiten der Alliierten kämpften, seinerzeit verschickten.

2

ALTA

Der Ort. Die größte Stadt im äußersten Norden der Provinz Finnmark ist die Heimat der Samen und ihrer berühmten Felsritzungen.

Leuchten im Dunkeln. Von Mitte November bis Ende Januar zieht sich die Sonne aus den nördlichen Breitengraden um Alta zurück. Die vollkommene Dunkelheit rund um die Stadt bietet perfekte Bedingungen, um eines der größten Naturspektakel überhaupt zu beobachten: Aurora Borealis, das Polarlicht. Weit oben am Himmel über Norwegen umspielen Lichtformen in einem breiten Band von über 500 Kilometer Länge den Nordpol. Sonnenwindteilchen werden in sichtbares Licht verwandelt, in durchscheinende grüne Schleier und manchmal auch in rote und blaue Strahlen, die flüchtig hintereinander aufblitzen.

Kultur der Samen. Die Finnmark ist zusammen mit dem restlichen Nordnorwegen der traditionelle Lebensraum der Samen, der Ureinwohner Nordskandinaviens. Jahrhundertelang haben die Samen Überlebensstrategien für das raue nordische Klima entwickelt, sind fischen gegangen und haben Schafe gehütet. Vor allem aber sind sie für die Rentierzucht bekannt, wozu sie in Norwegen nach wie vor als Einzige ein gesetzlich verbrieftes Recht haben. Außerhalb von Alta folgen die teilweise nomadisch lebenden Samen ihren Herden und tränken ihre Tiere im Fluss Alta. In den 1970er Jahren war der Kampf gegen einen Staudamm an diesem Fluss Auslöser für eine politische Bewegung, die eine größere Autonomie für die Samen forderte. So ist Alta nicht nur die angestammte Heimat der Samen, sondern auch die Wiege ihrer modernen Identität.

Die Felsritzungen von Alta. Die Felsritzungen stammen aus der Zeit von 4200 bis 500 v. Chr. und sind ein beeindruckendes Zeugnis der langen Geschichte der Samen und ein einzigartiges Beispiel für prähistorisches Leben nördlich des Polarkreises. Die Ritzungen wurden in den 1960er Jahren entdeckt und können heute auf dem Lehrpfad des Alta-Museums besichtigt werden. Die Felsritzungen erwecken die urzeitliche Geschichte der Finnmark zum Leben: Entlang dem Lehrpfad werden Abbildungen von der Jagd, dem Fischfang, von Bootsfahrten, Elchen und Bären und sogar einem Skifahrer gezeigt. Das berühmteste Werk ist die „Pippi in Stein" (Pippi i steinen), ein kleiner Fels mit einer einzigen Abbildung: einem Mädchen, das stark an Pippi Langstrumpf erinnert.

3

LOFOTEN

Der Ort. Die Lofoten, wörtlich „der Fuß des Luchses", sind eine gebirgige Inselgruppe am Polarkreis, deren Name auf ihre Form verweist.

Arktische Wärme. Die zerklüftete Küste der Lofoten ist von hoch aufragenden Bergen eingerahmt, die den vom reichlich vorhandenen Kabeljau lebenden Fischerdörfern seit Jahrhunderten Schutz bieten. Zwar liegt die Inselgruppe auf dem gleichen Breitengrad wie Grönland und Sibirien, sie profitiert aber vom warmen Golfstrom, der hier eine extreme Klimaanomalie verursacht: Die Temperaturen liegen häufig 25 Grad höher als anderswo auf diesem Breitengrad. So herrscht auf den südlichsten Inseln der Lofoten, Røst und Værøy, obwohl sie die nördlichsten Orte der Welt sind, das ganze Jahr eine Durchschnittstemperatur von über null Grad.

Wikingerinsel. Die Lofoten bestehen heute aus sieben größeren und mehreren kleineren Inseln. Ursprünglich bezog sich der Name aber nur auf die Insel Vestvågøy, die von den Wikingern als idealer Fischerort ausgemacht wurde. Noch heute trifft man hier auf Spuren der Wikinger. Das Lofotr-Wikingermuseum gehört zu einer Ausgrabungsstätte, in der das bisher größte traditionelle Wikinger-Langhaus entdeckt wurde.

Rustikal übernachten. Für das besondere Flair der Lofoten sorgen die Fischerdörfer, die im 19. und Anfang des 20. Jahrhunderts auf den Inseln entstanden. Heute können Touristen in den traditionellen Fischerhütten übernachten. Die *rorbue*, rot gestrichenen Holzhütten, verteilen sich über alle Inseln. Daneben gibt es noch eine größere, zweigeschossige Variante an den Anlegestellen der Dörfer. In ihnen wurde ursprünglich der Fisch gelagert. Städte wie Nusfjord und Henningsvær trotzten Feuersbrünsten ebenso wie modernen Architekturströmungen und gelten heute als in Holz verewigte Gedichte vor einer malerischen Kulisse.

Fischen gehen. Lange bevor die Berge und kahlen Küsten zur Touristenattraktion wurden, waren die Lofoten weltweit als Ort bekannt, an dem Kabeljau und Hering in großen Mengen gefangen wurden. Die Fischgründe entlang der Küste sind für die norwegische Fischindustrie noch immer von großer Bedeutung. Heute können aber auch Touristen ihr Glück versuchen. In Svolvær auf der Insel Austvågøy, dem Hauptort der Lofoten, gibt es aktuelle Informationen über die besten Fanggebiete. Hochseefischen wird überall auf den Lofoten angeboten.

BODØ

Der Ort. Bodø ist mit seinem Flughafen, Hafen und Bahnhof ein wichtiger Verkehrsknotenpunkt. Von hier ist es nicht weit zum Saltstraumen, dem stärksten Gezeitenstrom der Welt.

Endstation. Auf der nördlichen Strecke der Norwegischen Staatsbahn ist Bodø die letzte Station. Sein Flughafen liegt am äußersten Ende des Verteidigungsnetzwerks der Nato, in strategischer Nähe zur ehemaligen Sowjetunion, und ging in die Annalen des Kalten Krieges ein. Denn im Mai 1960 wurde ein U2-Spionageflugzeug der Amerikaner auf dem Weg nach Bodø über der Sowjetunion abgeschossen. Bei Bodø endet auch der malerische Kystriksveien, eine 650 Kilometer lange Route von Steinkjer, südlich des Trondheimfjords, entlang der Küste bis nach Nordnorwegen. Die meisten Touristen legen die Strecke per Auto und Fähren zurück, sie ist aber auch bei Radfahrern beliebt.

Der Strudel. Bei Bodø wirbelt der Saltstraumen-Gezeitenstrom, der mit einer Geschwindigkeit von 22 Knoten der stärkste weltweit ist. Alle sechs Stunden strömen 400 Millionen Kubikmeter Meerwasser in eine drei Kilometer lange und nur 150 Meter breite Meerenge, um den Skjerstadsfjord zu füllen – bis zu dem kurzen Moment, wenn vor und zurück fließendes Wasser aufeinandertreffen und der Meeresstrom zurückdreht. Für eine kurze Zeit wird der Sund dann befahrbar. Der Ozean ähnelt einem eiszeitlichen Strom. Ihm zuzusehen, wie er Strudel mit einem Durchmesser von bis zu zehn Meter und einer Tiefe von fünf Meter formt, ist ein unglaubliches Erlebnis. Noch eindrucksvoller ist es, wenn man den Sund auf einem organisierten Rafting-Ausflug durchfährt. Die Seefahrergeschichten über die gefürchteten Strudel entlang der norwegischen Küste, in deren Schlünden ganze Schiffe verschwanden, sollen Edgar Allan Poe zu seiner Geschichte „Sturz in den Malstrom" inspiriert haben.

Geschichte eines Mikrokosmos. Nur eine halbe Stunde Fahrt nördlich von Bodø liegt das hübsche Dorf Kjerringøy, das als Kulisse für Verfilmungen von Knut Hamsuns Romanen berühmt wurde. Neben den alten Handelshäusern und Lagern können Reisende eine kleine Ausstellung über Hamsun bewundern und ein Restaurant besuchen, das nach dem Buch benannt wurde, für das er den Nobelpreis bekam: „Markens grøde" (Segen der Erde). Mit etwas Ausdauer kommen Touristen in Kjerringøy vielleicht sogar dem Ur-Norwegischen auf die Spur – außerordentliche Langmut und zähe Stärke.

5

MO I RANA

Der Ort. Eine wohlhabende Industriestadt im Ranfjord, jahrzehntelang das norwegische Zentrum der Eisenerzverarbeitung und Stahlproduktion.

Stadt des Stahls. In den Nachkriegsjahren besiegelte der norwegische Staat mit der Planung eines Stahlwerks das Schicksal von Mo i Rana, das seit der Eisenzeit Bauernland war. Die im Überfluss vorhandene Wasserkraft ebnete zusammen mit dem Stahlwerk, das heute im Zentrum der Stadt steht, den Weg für andere Schwerindustrien, wodurch sich das Gesicht der alten Handelsstadt Mo wesentlich verändert hat. Der alte Teil der Stadt existiert allerdings auch noch, sodass Touristen alle Markenzeichen einer norwegischen Küstenstadt vorfinden: kleine, bunte Häuser, eine wunderschöne Lage am Fjord und kurze Wege in die Vielfalt der nordnorwegischen Natur.

Auf Eis. Der Name Svartisen bezeichnet ein Gletschergebiet nördlich von Mo im Herzen des Saltfjellet-Svartisen-Nationalparks. Durch die Engabreen-Gletscherzunge ist Svartisen der dem Meer am nächsten gelegene Gletscher auf dem europäischen Kontinent. Obwohl die Gletscherzunge zurückgegangen ist und nicht länger direkt ins Wasser reicht, gehört sie seit Ende des 19. Jahrhunderts, als zahlreiche berühmte Gäste sie besuchten, zu den beliebtesten Reisezielen Norwegens. In der Bucht vor dem Gletscher steht ein Restaurant, in dem Gäste den Spezialdrink von Svartisen bestellen können: Champagner, der mit Eis aus dem Gletscher gekühlt wird. Dieses Eis bildete sich aus Schnee, der zu einer Zeit fiel, als Jesus noch auf Erden wandelte, und schmilzt herrlich langsam mit einem hörbaren Knacken.

Höhlen erforschen. Rana ist wegen seiner zahlreichen unterirdischen Gewölbe und Tunnel, die sich durch die Kalksteinberge ziehen, unter Höhlenfreunden gut bekannt. Die meisten Höhlen wurden ausgespült, als die Eismassen der letzten Eiszeiten das Wasser in jede Ritze der Felsen hinunterdrückten und perfekte runde Tunnel in den weichen Kalkstein bohrten. Zu den berühmtesten Höhlen gehören Setergrotta und Grønnligrotta; beide sind beleuchtet und können besichtigt werden. Wer durch die Höhlen wandert, sollte von Zeit zu Zeit innehalten, nicht nur um das Ausmaß der Tunnel zu bestaunen, sondern auch um über den Zeitraum nachzudenken, der nötig war, sie zu schaffen.

6

TRØNDELAG

Der Ort. Das geographische Herz Norwegens war im Mittelalter auch das Zentrum des politischen und religiösen Lebens des Landes, wovon die nördlichste mittelalterliche Kathedrale der Welt Zeugnis ablegt.

Der Schutzheilige Norwegens. Das Drehkreuz der Region Trøndelag ist die drittgrößte Stadt Norwegens, Trondheim. Die Stadt wurde 997 an der Mündung des Flusses Nidelva von König Olav Tryggvason gegründet. Ursprünglich hieß sie Nidaros und diente über zwei Jahrhunderte als Königssitz. Bis zur Reformation, als der letzte Erzbischof vor den lutherischen Soldaten des dänischen Königs flüchtete, war sie auch das religiöse Zentrum Norwegens. Heute gehört der Nidarosdom zu den größten mittelalterlichen Gebäuden in Nordeuropa. Der Dom wurde über dem Grab von Olav dem Heiligen erbaut, dem Schutzheiligen von Norwegen, der 1030 im Kampf getötet und später heiliggesprochen wurde. An seinem Todestag, dem 29. Juli, findet jedes Jahr das Sankt-Olav-Fest mit reichlich barocker Orgelmusik und Essensständen statt. Der Einfluss von Olav dem Heiligen beschränkt sich nicht nur auf Norwegen. Nach ihm benannte Kirchen und Orte gibt es überall in Skandinavien.

Nidaros oder Trondheim? 1904, als Norwegen die Personalunion mit Schweden einseitig auflöste, wandten sich die Norweger ihrer glorreichen mittelalterlichen Vergangenheit zu. Norwegen war nun ein selbstständiger Staat mit einem eigenen, souveränen König, Hakon VII. Er und seine Königin wurden im Nidarosdom gekrönt, wie schon die sechs Hakons, die vor ihm regiert hatten. Diesem Geist folgend wurde der Vorschlag gemacht, Trondheim wieder in Nidaros umzubenennen. Der Idee folgte ein Beschluss, der aber nach heftigen Protesten der Einwohner mit einer Volksbefragung endgültig ad acta gelegt wurde.

Der Geschmack Norwegens. So wie alle größeren Städte Norwegens ist auch Trondheim eine Hafenstadt mit einer langen Fischerei- und Handelsgeschichte. Heute säumen neben herrlichen Häusern aus norwegischem Holz auch Restaurants und Cafés die Ufer des Nidelva. Trondheim gehört zu den Zentren der Neuen Nordischen Küche. Neben den beliebtesten Frühstücksbüfetts des Landes findet hier Anfang August auch das kulinarische Trøndersk Matfestival statt. Die Philosophie der Starköche von Trondheim lautet: frische Zutaten von örtlichen Bauern. Eier, Fleisch, Käse, Obst und Gemüse kommen daher ausnahmslos aus der näheren Umgebung.

RØROS

Der Ort. Røros heißt auch Bergstaden (Bergbaustadt) und ist als Standort der Røros-Kupfergrube berühmt geworden. Aus der Grube wurden 333 Jahre lang Erzadern mit teurem Kupfer und Zink abgebaut. Heute gehören die Holzfassaden der über 2000 Häuser zum Welterbe der Unesco.

Die Kupfermine. 1644 genehmigten die Betreiber anderer Gruben auf gut Glück die Suche nach Kupfer in den nahe gelegenen Bergen. Die Gruben, die daraufhin nordöstlich von Røros entstanden, wurden schnell zu den wichtigsten der Region. 1740 leiteten die steigenden Kupfererträge ein goldenes Zeitalter für die Gruben ein, das durch die Erfindung des Dynamits und der industriellen Bohrmaschine sowie den Ausbau der Røros-Eisenbahn über ein Jahrhundert lang fortbestand. Der Bau des Elektrizitätswerks Ende des 19. Jahrhunderts sorgte noch eine Weile für Profite, bis nach mehreren Jahren schwerer Verluste die Kassen der Erzschürfer endgültig leer waren. 1977 wurde der Erzabbau in Røros eingestellt.

Der Schmelztiegel. Von 1644 bis 1977 ließen sich deutsche, niederländische und schwedische Einwanderer in der Stadt nieder. Deutsche Bergbautechnik führte die Minen zum Erfolg, und im Laufe der Jahre entwickelte sich aus den Einflüssen der verschiedenen Einwanderer und den Traditionen der norwegischen Einwohner eine einzigartige Kultur: widerstandsfähig wie der Kupfer, der Schicht für Schicht aus der Erde herausgeschnitten wurde; ausdauernd und angepasst an die urwüchsige Umgebung und die abgelegene, dünn besiedelte Gegend. Die Spuren der Gruben und Hütten sowie die Überreste der Verkehrs- und Wasserversorgungswege zeugen von der Fähigkeit der Bergarbeiter, sich den harten Lebensumständen anzupassen.

Spezialitäten. Wenn man die Grubengeschichte von der Kultur der Stadt abziehen würde, blieben immer noch die Ureinwohner und ihre Rentiere. Die samischen Familien aus der Umgebung von Røros liefern schmackhafte Gebirgskräuter und Zutaten für die Rentiersteaks, die die städtische Küche inzwischen berühmt gemacht haben. Neben Steaks ist die Region für ein einzigartiges Milchprodukt bekannt, die *tjukkmjølk*, eine geronnene, dickflüssige Milch mit langer Haltbarkeit. Wie Feta oder Champagner ist *tjukkmjølk* ein geschütztes Nationalprodukt und darf nur auf traditionelle Weise und nur in der Region Røros hergestellt werden. Sie gehörte jahrhundertelang zur Alltagskost der Bauern und Bergarbeiter und wurde mit Brot, Beeren, Marmelade oder Getreideflocken gegessen. Wer *tjukkmjølk* oder ein Rentiersteak kosten möchte, muss nach Røros kommen. Bisher exportieren die örtlichen Hersteller ihre Produkte nur vereinzelt.

P
09-18 (09-15)
mot avgift
58

8

ATLANTIKSTRASSE

Der Ort. Eine acht Kilometer lange, betonierte Strecke mit zahlreichen Kurven und Brücken, die sich zwischen Küsteninseln und Schären windet; eine landschaftlich schöne Fahrt, umtost von der Gischt des Atlantischen Ozeans. Der *Guardian* nannte sie die «beste Autostrecke der Welt» und Norwegen erklärte sie zum nationalen Bauwerk des Jahrhunderts.

Unterwegs. Die Atlantikstraße, streckenweise unspektakulär, bisweilen dramatisch, verbindet Inseln zwischen den Endpunkten Molde und Kristiansund. Es dauerte Jahre, die Straße zu bauen, und zahlreiche Rückschläge behinderten die Arbeiten in den 1980er Jahren. Es wird erzählt, dass während der Bauzeit insgesamt zwölf Wirbelstürme die Arbeiter und ihre Maschinen durchrüttelten. Solche Herbststürme ziehen heute die Besucherscharen an, die zusehen wollen, wie Brandung und Regen das bauliche Meisterwerk umspielen. Die serpentinenartig gewundenen Brücken schlängeln sich vor den Augen der Fahrer scheinbar immer weiter hinaus auf See, sodass die Atlantikstraße geradezu mythische Ausmaße anzunehmen scheint.

Panoramablicke. An hellen, ruhigen Tagen lohnt es sich, anzuhalten und die Aussicht auf das Meer zu genießen. Entlang der Strecke stehen mehrere Aussichtsplattformen aus weißem Beton mit blauen Schutzscheiben, von wo sich spektakuläre Ausblicke auf die See und die nahen Schären und Buchten eröffnen. Das Wetter ist besonders bei Anglern willkommen, die auf Seelachs und Makrelen aus sind. Noch bessere Fischgründe erreicht man mit dem Schiff oder entlang der zerklüfteten Küste der Inseln.

Norwegisches Jazz-Mekka. In der Stadt Molde, die am südlichen Ende der Straße liegt, eröffnet sich ein atemberaubender Panoramablick auf den Ozean, die Inseln und die Berge – auf 400 Bergspitzen, um genau zu sein. Aber mehr noch als für seine natürlichen Schätze ist Molde als internationaler Treffpunkt des Jazz bekannt. Das Sommerjazzfestival der Stadt kann auf einen couragierten Beginn in den 1960er Jahren zurückblicken und hat sich seitdem zu einer kulturellen Institution gemausert, die die Jazzgrößen der Welt anzieht, von Herbie Hancock bis Jamie Cullum. Selbst in einer Zeit, in der jede Stadt irgendein Festival auf die Beine stellt, zeichnet sich Molde durch seinen ganz eigenen Stil aus, wenn der Jazz aus den rauchigen Clubs in die Sommernächte mit ihrer makellosen Mitternachtssonne dringt. Vielleicht kommen Musiker und Besucher deshalb Jahr für Jahr wieder.

9

ÅLESUND

Der Ort Das Kleinod im Herzen der gleichnamigen Region ist ein wichtiger Hafen und eine Bastion der Jugendstilarchitektur; viele halten die Stadt für die schönste Norwegens.

Eine norwegische Stadt der anderen Art. Die Aufstiegsgeschichte des Jugendstils in Ålesund beginnt mit einer Tragödie. 1904 verschlangen die Flammen eines gewaltigen Brands die Stadt und zerstörten rund 850 alte Häuser, von denen einige noch im Stil der Wikingerzeit gebaut waren. 10 000 Norweger wurden über Nacht obdachlos. Dies zog eine große Zahl junger Architekten und Bauherren an, die aus der Asche des alten Ålesund eine neue Stadt aus dem Boden stampften und sich dabei von den modernen Entwicklungen der Architektur inspirieren ließen. Während des Wiederaufbaus verwirklichten sie ihren Traum, mit dem Historismus aufzuräumen und stattdessen eine neue Baukunst zu schaffen. Der Jugendstil im heutigen Ålesund ist ein Zeugnis der Jugend vor einem Hintergrund für die Ewigkeit: dem Hafen, von dem aus die Schiffe beständig durch den Fjord ziehen.

Auf die Spitze getrieben. In Ålesund sollten Besucher zuallererst die 418 Stufen erklimmen, die auf den städtischen Hügel Aksla hinaufführen. Oben angekommen, wartet ein bei jeder Wetterlage unbezahlbarer Ausblick auf die Stadt, die im Tal wie eine Perle eingebettet zwischen Felsen und Meer liegt. Nach dem Abstieg kann man sich dann im größten Salzwasseraquarium Europas, dem Atlanterhavsparken, mit der Meereswelt der Region vertraut machen und sich über die Ökosysteme Norwegens bis hinauf in die Arktis informieren, einschließlich echter Pinguine.

Die Nummer eins im Fischhandel. Es braucht nicht viel Fantasie, um zu erkennen, dass Ålesund der wichtigste Fischereihafen Norwegens ist. Die Fischereiflotte der Stadt gehört zu den modernsten in ganz Europa. Jedes Jahr passieren gigantische Mengen Salzwasserfische, wie Kabeljau, Heilbutt, Schellfisch und Hering, die Hafenanlagen. Aber auch eine Nummer kleiner, bei einheimischen wie internationalen Sport- und Hobby-Anglern, ist das Fischen sehr beliebt. Selbst Amateure können so gut wie sicher sein, in den fischreichen Gewässern etwas zu fangen.

10

GEIRANGERFJORD

Der Ort. Ein schmaler Meeresarm, geformt von Gletschern und ringsum von Felswänden eingerahmt, der zu den spektakulärsten Fjorden Norwegens gehört.

Erbe der Eiszeit. Jeder Versuch, den Fjord mit Worten zu beschreiben, erscheint ungenügend. 1400 Meter zerklüftete Felswände, die steil zum Wasser abfallen und sich bis in den Talkessel graben, der selbst 500 Meter über dem Meeresspiegel liegt. Wasserfälle färben die grau-grünen Wände weiß ein. In schmalen Rinnsalen oder dichten Vorhängen setzen sie die Arbeit der inzwischen verschwundenen Gletscher fort, die den Fjord einst in den Fels schnitten, und modellieren die berühmte Landschaft Norwegens. Kreuzfahrtschiffe, die ihre Passagiere zu den schönsten Wasserfällen des Fjords schippern, erscheinen winzig aus der Sicht all jener, die sich auf den Aussichtsplattformen der Felsen drängen, und noch winziger, wenn man auf den eisbedeckten Gipfeln der Region steht. Der Fjord ist verdientermaßen Welterbe der Unesco.

Auf Eis kultiviert. Oberhalb des Fjords liegen etliche Bauernhöfe verstreut, einige seit mehreren Hundert Jahren. An verwegenen, unerreichbar erscheinenden Orten stehen sie ohne ersichtlichen Grund da. Die Wälder und das Land, auf denen sie gebaut wurden, haben sich jedoch überraschenderweise als äußerst fruchtbar erwiesen. Saftige Wiesen und gute Ernten haben den Bauern der Höfe Skageflå und Knivsflå Wohlstand beschert. Letzterer wurde vier Jahrhunderte lang bewirtschaftet und kann nach einer langen Wanderung über den Fjord besichtigt werden. Es lohnt sich allein wegen der Aussicht: Knivsflå steht an dem spektakulären Wasserfall De Syv Søstrene, den „sieben Schwestern“, die sich gegenüber vom Wasserfall Friaren in mehreren Sturzbächen in den Fjord stürzen.

Ein Schlag ins Wasser. Die sieben Schwestern ziehen nicht nur ihre Betrachter in den Bann, sondern erzählen auch die Geschichte einer Verzauberung, bei der der Wasserfall Friaren auf der anderen Seite des Fjords eine Rolle spielt. Der Legende nach wollte ein Mönch um eine der sieben Schwestern werben, nach der der erste Wasserfall benannt wurde. Nachdem sie ihn abgewiesen hatte, begann er, seinen Kummer im Alkohol zu ertränken. Wer genau hinsieht, entdeckt, dass sich der Friaren auf dem Weg nach unten in zwei Ströme spaltet, zwischen denen sich die Form einer Flasche abhebt. Dies ist nicht die einzige Legende, die der Fjord hergibt; viele andere sprudeln aus den Wasserfällen, die Brautschleiern ähneln, oder wirbeln tief unten im dunklen Wasser.

11

JOSTEDAL

Der Ort. Das Tal breitet sich vor dem größten Gletscher des europäischen Kontinents aus, dem Jostedalsbreen, der majestätisch am Ende des Sognefjords liegt und ein letzter Beweis für die Naturgewalten ist, die die norwegische Fjordlandschaft schufen.

Großartiger Gletscher. Auf 487 Quadratkilometern zweigen 22 „Zungen“ vom Gletscher ab, der die Gebirgsebene nordwestlich von Jostedalen bedeckt. Elf der Ausläufer führen hinunter in Hängetäler, die oberhalb des Jostedalen entstanden sind, während das Tal selbst über die Jahre immer tiefer wurde. Zu den bekanntesten Gletscherzungen gehören Nigardsbreen, Begsetbreen und Austdalsbreen. Allein zum Nigardsbreen kommen jährlich über 30 000 Touristen.

Die Eiszeit enträtseln. Die Ansammlung von Ablagerungen an den Gletscherzungen, Moränen genannt, erzählt viel über das Verschwinden der Gletscher. Der Nigardsbreen ist ein besonders gutes Beispiel, denn bei Nigard verlaufen die Moränen quer durchs Tal und auf beiden Seiten die Berge hinauf. Wissenschaftler haben die Moränen auf ein Zeitalter zurückdatiert, das als Kleine Eiszeit bekannt ist und seinen Höhepunkt vor 250 Jahren erreichte. Das Klima hatte sich damals extrem abgekühlt, wodurch der Jostedalsbreen sich ausdehnte und die Ausläufer ins Tal hineindrängten. Bauernhöfe und Natur wurden zerstört und damit die Lebensgrundlage der Menschen. Auch wenn das für die damalige Zeit eine Tragödie war, haben die Überreste des Unglücks der Wissenschaft nützliche Dienste erwiesen. Landschaftliche Merkmale wie die Moräne von 1750 helfen dabei zu bestimmen, wann die „Kleine Eiszeit“ ihren Höhepunkt erreicht hatte. Die Region bleibt für all diejenigen interessant, die die Kolonisierung unberührten Bodens durch verschiedene Pflanzen und Tiere untersuchen.

Das Gletscherzentrum. An der Nigardsbreen-Gletscherzunge steht das Breheimsenteret, ein Museum und Gästezentrum für den Jostedalsbreen-Nationalpark. Seit 1993 ist es für interessierte Besucher eine Fundgrube an Informationen über den Gletscher, seine Täler und den Rest der Region. Hier starten auch viele Gletscherwanderungen sowie Kajak-, Rafting- und Canyoning-Ausflüge zu den nahe gelegenen Flüssen und Bergen. Touren, die vom Zentrum angeboten werden, verdeutlichen, wie die Gletscher die Umwelt und das Leben der Menschen über die Jahrhunderte beeinflusst haben – und umgekehrt.

12

SOGNEFJORD

Der Ort. In einem Land, das sich durch seine unglaubliche Zahl an Fjorden auszeichnet, ist der Sognefjord der König der Fjorde.

Fjord der Superlative. Mit 204 Kilometer Länge und 1308 Meter Tiefe ist der Sognefjord nicht nur der längste Fjord Norwegens, sondern auch der längste der Erde. Nur zwei Fjorde (einer in Grönland und einer in Kanada) drängen weiter ins Land, und nur einer (in der Antarktis) ist tiefer. Die Nationalparks bieten traumhafte Routen, auf denen sich sich die Vielfalt der Region mit ihren mächtigen Wasserfällen und Gletschern erkunden lässt. Der Sognefjord ist eigentlich ein System von Fjorden, die vom Hauptfjord abzweigen. Zu diesen unberechenbaren Flussarmen gehören Lustrafjord, Aurlandsfjord und Nærøyfjord, jeder für sich eine Art Eingangstor zu einem ganz besonderen, natürlichen Universum.

Ausgestreckte Arme. Nærøyfjord und Aurlandsfjord sind zwei der schönsten Arme des Sognefjords und laden zu Entdeckungstouren ein, beispielsweise mit dem Rad auf dem Rallarvegen, einer der beliebtesten Fahrradrouten Norwegens. Der Weg führt von der Hochebene Hardangervidda in einem Windkanal nach Flåm und den Aurlandsfjord hinunter. Oder man fährt mit dem Boot durch den Nærøyfjord und steuert wie einst die Wikinger die Dörfer entlang der Strecke an. Stabkirchen säumen die Ufer des Fjords, und am Ende des Nærøyfjord steht das rekonstruierte Wikingerdorf Gudvangen, dessen geteerte Außenwände einen Geruch wie vor tausend Jahren verströmen. In Gudvangen können Reisende in den Magical White Caves im Berg Anorthosit außerdem die Heimat der Trolle erkunden. Der Nærøyfjord ist Weltnaturerbe der Unesco, was sofort einleuchtet, wenn man die mächtigen, kristallinen Felswände betrachtet: Der Fjord ist einer der malerischsten Plätze der Erde.

Bücherdorf. In den verlassenen Wartehäuschen der Fähren, in Ställen, Banken, Postgebäuden und selbst in Lebensmittelläden in Fjærland werden Bücher verkauft. Seit 1995 hat der Ort seine Buchvorräte beständig vergrößert und kann nun vier Kilometer Regale mit Secondhandbüchern aus jedem Genre füllen. Doch mehr noch als alte Bücher rettet das norwegische Bücherdorf die historische Architektur im Ort. In einem nachgebauten Stall durch Bücherregale zu stöbern ist ein einzigartiges Erlebnis. Das Dorf Fjærland liegt am Fuß des Sognefjord, direkt unterhalb des Gletschers Jostedalsbreen. Die Buchläden im Dorf haben von Mai bis September geöffnet.

13

STABKIRCHE VON URNES

Der Ort. Die hübsch verzierte mittelalterliche Kirche auf dem Grundstück des Ornes-Hofs am Lustrafjord ist ein Beispiel für Norwegens bedeutendsten Beitrag zur Architekturgeschichte, die mittelalterliche Stabkirche.

Was ist das Besondere? Das im Herzen Norwegens gelegene Urnes ist der Inbegriff der Stabkirche. Der hölzerne Bau besteht aus zylindrischen Säulen und geraden Bögen im romanischen Stil, der bis dahin ausschließlich in der Steinarchitektur Verwendung gefunden hatte. Der erste Bau entstand um 1050 und gilt heute noch als beispielhaft für die norwegischen Stabkirchen, was durch die Ernennung zum Unesco-Weltkulturerbe gewürdigt wurde.

Schlau gebaut. Aktuelle Ausgrabungen haben ergeben, dass die vier Säulen der ursprünglichen Stabkirchen aus der Wikingerzeit in die Erde eingelassen wurden. Diese Methode hatte einen offensichtlichen Nachteil: Die Pfosten waren der Feuchtigkeit ausgesetzt und verrotteten schon nach kurzer Zeit. In Urnes wurde diese Methode entscheidend verbessert, denn die Pfosten wurden in einen Holzrahmen gesteckt, der auf einem Steinfundament stand, sodass die Säulen den Erdboden nicht berührten. Nach einer weiteren Verfeinerung der Technik wurde das Gerüst der Kirche aus einem besonderen Holz gebaut, *malmfuru* oder Kernholzkiefer, das mit natürlichen Chemikalien versiegelt und gegen Wasser und Fäule gefeit ist. In der Summe haben diese Entwicklungen eine Bauweise begründet, die sich standhaft dem Zahn der Zeit widersetzt.

Holzschnitzereien. Rahmen, Dach, Dachsparren und Kirchturm bestehen aus Holz. Aber Holz wurde auch für Intarsien zur Verzierung der Giebel, der langen Nordwand und anderer Bereiche verwendet. Im Kirchenschmuck werden die Kunsttraditionen der Kelten und Wikinger sichtbar, die im Kontrast zur skandinavischen Holzbauweise und romanischen Raumstruktur des Gebäudes stehen. Das Nordportal der Kirche schmücken ineinander verschlungene Schlangen und Zweige. An anderer Stelle kündigen geschnitzte Pilger und Madonnen die grandiose Darstellung der Kreuzigung im Kircheninneren an. Christus, die Jungfrau und der Heilige Johannes zieren den Chorbalken der Kirche.

Doppelgänger. Urnes ist nicht die einzige Kirche dieser Art im Sognefjord. Ganz in der Nähe liegt die Stabkirche Hopperstad, die ebenfalls zu den ältesten des Landes gehört. Von den etwa tausend Stabkirchen, die zwischen 1130 und 1350 entstanden, sind insgesamt 29 erhalten.

14

FLÅMSBAN
20 km long
Grandiosa naturaleza
KE-GPR brems
Rev. G 27.11.08
53t
P37t
G34t
→16.00←

FLÅMSBAHN

Die Bahnstrecke. Von der Bergstation in Myrdal, direkt an der Bahnstrecke Oslo–Bergen, führt eine 20 Kilometer lange Seitenlinie nach Flåm im Tal des Aulandsfjords mitten durch die norwegische Wildnis.

Was gibt es zu sehen? Innerhalb einer Stunde passiert die Flåmsbahn Wasserfälle und schroffe Felswände, bietet Ausblicke auf schneebedeckte Gipfel und durchfährt 20 Tunnel, bevor sie 863 Meter tiefer im Aulandsfjord ankommt. Flåm ist eine beliebte Anlaufstelle für Kreuzfahrtschiffe, die die Fjorde in der weiteren Umgebung abfahren. Die Fahrt ist im Sommer wie im Winter ein eindrucksvolles, jeweils ganz eigenes Erlebnis. Im Winter sollte man eine Fahrt für die kurze Zeit des Tageslichts buchen, um die Landschaft richtig genießen zu können.

Mehr als eine Durchfahrt. Heute zieht die Flåmsbahn wegen der schönen Aussichten viele Touristen an. Für die Erbauer war der Ausblick zweitrangig, denn mit der Bahn wollten sie Flåm an die Strecke zwischen Oslo und Bergen anbinden. Nicht nur die wilde Natur ist bemerkenswert, sondern auch der abenteuerliche Bau selbst. Anfang des 20. Jahrhunderts dachten wahrscheinlich nur wenige, dass das Projekt Flåmsbahn wirklich umsetzbar wäre. Die Schneise, die sich durch die steinernen Felswände schneidet, ist ebenso gewagt wie bewundernswert. Die einfallsreiche Konstruktion der Flåmsbahn ermöglicht Abstecher zu Orten, die sonst unerreichbar wären, wie der Wasserfall Kjosfossen.

Gespenster der Vergangenheit. Die rauschhafte Schönheit des Fjords mildert jede Kälte, die möglicherweise bei der Ankunft in Flåm herrscht. Vor der Zeit des Wohlstands herrschte allerdings großer Mangel. Die Bauern kämpften jahrhundertelang, um dem spröden Boden Ernten und Futter für ihr Vieh abzuringen. Heute können sich Touristen in Flåm auf dem Hof Otternes einen Eindruck vom bäuerlichen Leben verschaffen, das die frühen Siedler in Flåm führten. Die 27 erhaltenen Holzhäuser wurden im 18. Jahrhundert gebaut und erst 1996 verlassen. Zur Stärkung wird eine Auswahl traditionell norwegischer Gerichte serviert. Wer am Tisch sitzend den Blick über den Fjord schweifen lässt, sieht vor dem inneren Auge Barkassen aus alter Zeit vorüberziehen.

15

BERGEN

Der Ort. Norwegens zweitgrößte Stadt ist eine Hafenstadt, die vom Fischhandel und ihrem Status als Mitglied der Hanse geprägt wurde.

Bryggen. Die Kaufmannsgilde der Deutschen Hanse nahm Bergen 1360 in ihr Netzwerk von Handelsstädten auf, wodurch dem Hafen beispiellose ökonomische und diplomatische Vorteile entstanden. Obwohl sich die Hanse etwa 400 Jahre nach ihrer Gründung auflöste, ist ihr Vermächtnis unübersehbar. Das beste Beispiel für den damaligen Aufstieg der Stadt ist das Viertel Bryggen, das einstige Hansekontor. Die hölzernen Lagerhäuser, die Gebäude mit den bunten Fassaden und die schmalen Straßen verdanken ihre Gestalt deutschen Kaufleuten. Seit dem Mittelalter war das Hanseviertel Dreh- und Angelpunkt der Stadt, der ihren Alltag bestimmte und sie mit der aufstrebenden Fisch- und Lebensmittelverpackungsindustrie in Nordeuropa verband. Obwohl das hölzerne Herz von Bryggen ständig durch Brände bedroht war, haben Wiederaufbaubemühungen nach alten Mustern und Methoden bis heute die Grundstruktur von etwa 61 Gebäuden bewahrt. Führungen durch das Hanseviertel und das Bryggen-Museum bieten einen guten Einblick in die Geschichte des Viertels.

Berühmte Seilbahn. Den besten Blick über Bergen hat man nach einer Fahrt mit der Seilbahn hinauf auf den Berg Fløyen. Die *Fløibanen* fährt in der Innenstadt ab und bringt Touristen zu einer herrlichen Aussichtsplattform, die 320 Meter über dem Meeresspiegel thront und von der der Blick über die Inseln der Umgebung schweift. Einmal auf dem Fløyen angekommen, führen Pfade zu Wäldern, Seen und in noch bergigeres Gelände in der Umgebung. Im Sommer ist auch ein Restaurant geöffnet, und direkt neben der unteren Seilbahnstation gibt es einen Fischmarkt.

Ursprüngliche Natur. Von Bergen gelangt man mit der Vorortbahn schnell in die herrliche Natur von Voss. Die umgebenden Berge ziehen nicht nur Touristen, sondern auch Einheimische an. Das Naturschutzgebiet Stølheimen bietet Wanderwege für kurze Ausflüge auf Schotterwegen bis hin zu langen Wanderungen in die Berge und über Gebirgspässe. Die Straßen wurden nach den traditionellen Methoden norwegischer Bauern geplant: Sie folgen den Wasserwegen und führen direkt hinauf zu den spärlich verteilten Hütten der Bauern, den *sætrer*.

ALFRED SKULSTAD

GEILO

Der Ort. Geilo ist die emsige Winterhauptstadt des Landes. In Norwegen ist die nationale Identität stark mit dem Wintersport verknüpft. Praktisch jeder Einwohner steht stolz auf Skiern und nutzt jede Gelegenheit, um in die Berge zu fahren.

Erholungsort. Wie die Flåmsbahn ist auch Geilo ein Ergebnis der legendären *Bergensbanen*, der Eisenbahnstrecke, die Oslo mit Bergen verbindet. Die Nähe zur Bahnstrecke und die herrlichen Berghänge bieten im Top-Skiort des Landes ideale Bedingungen. Neben den 39 Pisten von insgesamt 33 Kilometer Länge verfügt Geilo über kolossale 220 Kilometer Langlaufloipen. Das Angebot ist überwältigend, denn es umfasst neben den traditionellen Alpin- und Langlaufmöglichkeiten auch Snowboarden, Schlittenfahren, Hundeschlittenfahren und Ski-Orientierungsläufe. Für Trendsportarten wie Schneekiten ist Geilo einer der besten Orte der Welt.

Die Weiten der Hochebene. Geilo liegt nur einen Steinwurf vom Hardangervidda-Nationalpark entfernt, sodass Reisende die Abenteuer auf den Pisten problemlos mit anderen Aktivitäten wie Angeln oder Felsklettern kombinieren können. Die Hardangervidda-Hochebene erstreckt sich über 6500 Quadratkilometer. Wer sie durchquert, verliert nie den Gipfel des Hårteigen aus den Augen. Die Hochebene bietet einer eindrucksvollen Tier- und Pflanzenvielfalt eine Heimat. So leben hier die größten wilden Rentierherden Europas. Die Geschichte der Menschen auf dem Plateau reicht in etwa so weit zurück wie die Geschichte der Rentiere. Beide eroberten das Gebiet nach der letzten Eiszeit. Man hat Spuren von Nomaden aus der Zeit um 6300 v. Chr. gefunden, vor allem an den schmalen Pässen, wo es am einfachsten war, Rentiere zu fangen. Ob Fischbestände oder Schafherden, Hütten oder Zeltplätze, die Möglichkeiten der Hochebene werden auch von modernen Nomaden hoch geschätzt.

Skipass der Luxusklasse. Norwegen ist ohnehin berüchtigt für seine hohen Preise, und eine Reise nach Geilo vermittelt einen Eindruck davon, was am oberen Ende der Preisskala geboten wird. In den Designer-Suiten der Tophotels steigen diejenigen ab, die von ihrem Skiort stylishen Luxus erwarten. Skihütten bieten ein eher rustikales Ambiente. Selbst königlichen Ansprüchen wird Geilo gerecht: Immerhin legte Königin Sonja von Norwegen hier ihre Skilehrerprüfung ab.

GUDBRANDSDAL

Der Ort. Ein Tal in der Oppland-Region, das verschiedene Gemeinden umfasst, darunter die Olympiastadt Lillehammer im Süden. Geformt wurde es von der letzten Eiszeit.

Schlacht um die nordische Seele. Als norwegische Bauern im August 1612 hörten, dass schottische Söldner durch ihre Ländereien zogen, um sich der schwedischen Armee im Kampf gegen Dänemark und Norwegen anzuschließen, wurden sie wütend. Der Legende nach scharte Lars Gunnarson Hågå die Bauern um sich, indem er eine Schlachtaxt in den Boden der Kirche von Dovre, im Norden des Gudbrandsdal, rammte und die Norweger aufforderte, ihr Land zu verteidigen. Als die Schotten ins Tal einzogen, gerieten sie in einen Hinterhalt der Norweger, die Felsbrocken und Baumstämme auf sie herabwarfen. Nach dem Tod des Clanführers der Sinclairs, George Sinclair, vollendeten die Norweger das Husarenstück mit Äxten, Sensen, ein paar Musketen und anderen, improvisierten Waffen. Der Sieg wurde sofort als Verteidigung der nationalen Souveränität gefeiert. 160 Jahre später, als die Unabhängigkeitsbewegung in Norwegen immer stärker wurde, bekam die Schlacht mythische Züge. Es ist heute nicht mehr möglich, den genauen Ablauf des Kampfes zu rekonstruieren, aber die herrliche Natur des Gudbrandsdal rechtfertigt eine solche Glorifizierung zweifellos.

Missionierung mit Holz. Das Christentum gelangte um 1000 v. Chr. an die Küsten Norwegens. Von diesem Zeitpunkt bis 1537 wurden in Norwegen 1000 herrliche, hölzerne Stabkirchen gebaut. Im Gudbrandsdal können Touristen einige der schönsten verbliebenen Stabkirchen bewundern. Die Ringebu-Stabkirche beispielsweise stammt aus dem 13. Jahrhundert. Im 17. Jahrhundert fügte man ein Querschiff hinzu, um ihr eine Kreuzform zu geben. 1921 wurde versucht, sie wieder ihrer ursprünglichen Form anzunähern, aber der auffälligste Anbau blieb erhalten: der rote Turm von Ringebu, der über dem sanften Abhang zum Fluss hinunter thront.

Alter Käse. Eine der bekanntesten Spezialitäten Norwegens ist der *brunost* aus Gudbransdal. Der Käse besteht aus Kuh- oder Ziegenmilch und ist braun, weil Sahne, Milch und Molke zusammen aufgekocht werden, bis die Flüssigkeit größtenteils verdunstet und der Zucker in der Molke karamellisiert ist. Der Käse wird in der Regel in Scheiben geschnitten und auf Brot gegessen. Man kann ihn in jeder norwegischen Küche finden.

17

18

VØRINGSFOSSEN

Der Ort. Der berühmteste Wasserfall Norwegens: eine Naturgewalt, die über eine smaragdfarben schimmernden Talsenke hereinbricht.

Film ab. Man denkt an epische Filmszenen, in denen der Hauptdarsteller den Blick über eine Landschaft schweifen lässt, deren unübertreffliche Kraft und Schönheit ihn schier überwältigen. So könnte man das Erlebnis am Vøringsfossen beschreiben. Seine Fallhöhe beträgt 182 Meter, auf 145 Meter stürzt er unmittelbar senkrecht in die Tiefe. Den besten Blick hat man von der Spitze und vom unteren Ende des Wasserfalls – entgegengesetzte, aber gleichwertige Blickwinkel auf das Unendliche und Erhabene.

Weg nach Hardanger. Vom Fuß des Wasserfalls können Touristen dem Hardanger Riksvei (Rv7) folgen, der in die nahe Umgebung führt. Reisende erleben auf dem Weg die Vielfalt der norwegischen Natur, von seichten Mooren bis zu schroffen Felswänden, von Bauernhöfen bis zum Folgefonna-Gletscher. Die 158 Kilometer lange Strecke säumen Kirschbäume ebenso wie Obstweinpressen und Freiluftmuseen, dazu Hütte und Garten des berühmten Komponisten Edvard Grieg. Mehrere Künstlergenerationen haben die Idylle des Hardangerfjords gesucht und gefunden, wodurch er zur Wiege der norwegischen Romantik wurde. Allein der Abschnitt der Straße, der vom Wasserfall wegführt, ist eindrucksvoll. Er wurde zwischen 1887 und 1924 gebaut und führt über 125 akkurat gezogene Kurven den Berg hinauf – eine fantastische Ingenieursleistung, die die wilde Romantik des Hardangerfjords ein wenig im Zaum hält.

Den Sternen nah. Der Wasserfall wurde erst 1821 entdeckt, als Professor Christopher Hansteen sich auf den Weg zur Hardangervidda machte, um astronomische Daten zu sammeln. Er stieß auf den Wasserfall und maß seine Höhe, indem er Steine von oben hinunterwarf und mit seiner Taschenuhr die Zeit maß, bis sie ins Wasser fielen. Dass Hansteen eine geologische Entdeckung machte, obwohl er nach einer astronomischen suchte, scheint auf magische Weise zu passen. Denn für den Betrachter, der im rötlichen Schein des Sonnenuntergangs versucht, die Dimension des Vøringsfossen zu erfassen, scheinen Geologie und Astronomie miteinander zu verschmelzen.

19

STAVANGER

Der Ort. Eine schillernde Küstenstadt, die gleich mehrere Ranglisten als teuerste Stadt der Welt anführt und als Zentrum des Ölbooms im 20. Jahrhundert dennoch das kulturelle Erbe des 18. Jahrhunderts pflegt.

Schwarzes Gold. Nach dem Niedergang der Konservenindustrie in den 1960er Jahren waren die wirtschaftlichen Aussichten der Region düster. Da war es 1969 eine verheißungsvolle Nachricht, dass in der Nordsee Öl gefunden wurde. Die großen Ölfirmen kamen nach Stavanger und leiteten eine neue Ära ein. Rund um das kulturelle Zentrum der Stadt mit seinen Holzhäusern aus dem 18. Jahrhundert schossen wohlhabende Vororte aus dem Boden. Heute ist der Anteil der Einfamilienhäuser im Verhältnis zu Mietwohnungen außergewöhnlich hoch und die Stadt erfreut sich einer ungewöhnlich niedrigen Arbeitslosenquote von unter zwei Prozent. Anstatt im Hafen darauf zu warten, dass ein Fisch anbeißt, rauschen die Einwohner in Luxuskarossen von einem Termin zum nächsten. In gewisser Weise gleicht die Wirkung eines Ölfundes dem Zünden eines Streichholzes – der Effekt tritt sofort ein.

Erdölmuseum. Das norwegische Erdölmuseum schwebt wie eine Bohrplattform auf dicken Stützpfeilern über dem Wasser und zeigt eine Ausstellung über Entstehung und Abbau des fossilen Brennstoffs. Besucher können den technischen Fortschritt in der Geschichte der Ölförderung nachverfolgen und die Erklärungen des Museums darüber, wie das Öl die norwegische Gesellschaft beeinflusst, auf den Prüfstand stellen. Außerdem gibt es Original-Werkzeuge und Modelle zu sehen sowie Filme, die während der ersten Bohrversuche in der Nordsee gemacht wurden.

Broken Column. In und um Stavangers Stadtzentrum stoßen Touristen auf Teile eines merkwürdigen Puzzles. Es handelt sich um die „Broken Column“, 23 Eisenskulpturen eines Mannes, die jeweils 1,95 Meter groß sind und den Blick nach 10 Grad West richten. Sie stehen neben Tankstellen und Kirchen, in Luftschutzbunkern oder Schwimmhallen. Die Verbindung zwischen den Teilen haben Amateurkartographen der Stadt entdeckt: In einer Linie betrachtet steht jede Statue 1,95 Meter höher als die vor ihr. Die rostigen Männer haben etwas geradezu Rührendes, wenn man neben ihnen steht. Eine eigenartige Schwingung durchzieht die Stadt, deren Geschichte als Kleinstadt vom Glamour des Erdölzeitalters gebrochen wird.

RESTAURANT
NB! BAR
SØRENSEN

SKIPSHANDEL
HansenHjørnet
www.rodne.no
Reservert

20

OPERNHAUS VON OSLO

Der Ort. Aus der Entfernung lässt sich schwer bestimmen, was da in geometrischer Form aus der Oberfläche des seichten Oslofjords herausbricht. Ist es ein Eisberg oder ein Block aus weißem Stein? Nähert man sich, geben Licht, Glas und die kühne Architektur die Antwort: ein Opernhaus, dessen Architektur mehrere internationale Preise gewonnen hat.

Opulente Architektur. Auf dem beliebten Dach können Besucher über weißen Marmor aus dem italienischen Carrara schlendern. Im Gebäude streifen sie durch Gänge und Säle, die mit graugrünem norwegischem Granit und deutscher und baltischer Eiche gestaltet wurden. Die Kosten für diese Materialien waren astronomisch, weswegen die Bauherren verzweifelten, als sich einige der 37 000 Marmorplatten im norwegischen Klima gelb verfärbten. Rettung kam von den vorausschauenden Architekten, deren Vision einer modernen Architektur den Fauxpas der Bauherren überstrahlt. Im Innern sorgen viel Licht und dunkles Holz für eine warme Atmosphäre.

Mehr als Musik. Das Opernhaus war ursprünglich als Ort für Musikliebhaber gedacht, der aber weit darüber hinaus wirkt und inspiriert. Es war ein Meilenstein für die Wiederbelebung des Hafens und des Bjørvika-Viertels als kulturelles Zentrum der Stadt. Seit seinem Bau sind außerdem das neue Munch-Museum und die öffentliche Bibliothek von Oslo entstanden. Zuvor hatten Massen von Containern und der Güterverkehr den Zugang zum Meer blockiert. Heute repräsentiert das Opernhaus, das in unschuldigem Weiß ins Wasser taucht und dessen kühles Blau die Wellen im Hintergrund reflektiert, die Öffnung zum Meer. Besucher sind eingeladen, sich dem Menschenstrom auf dem hohen Dach hinunter zum Ufer des Fjords anzuschließen.

Nachts in der Oper. Wenn die Nacht anbricht, schmilzt das eisige Blau der Glasfassade und das Innere erstrahlt wie Kerzenlicht in gelbem Glanz. Noch tiefer im Inneren bietet der klassisch hufeisenförmige und mit modernster Technik ausgestattete Saal Aufführungen der Norwegischen Staatsoper und des Staatsballetts. Die Eleganz der Außenfassade verrät nichts über die im Inneren verborgenen Schätze – deshalb passt das Gebäude perfekt zu Oslo und seinen Einwohnern.

OPERAEN

VIGELAND-SKULPTURENPARK

Der Ort. Eine virtuose Skulpturensammlung im größten Park Oslos, dem Frognerparken.

Was ist zu sehen? Hier geht es um den Lebenszyklus des Menschen. Über 200 Statuen des Architekten Gustav Vigeland (1869–1943) präsentieren in Bronze und Granit verschiedene menschliche Zustände und Befindlichkeiten, darunter tiefe Traurigkeit und aufkeimende Hoffnung, Jugend und Alter. 60 individuelle Bronzereliefs, Kinder, Skelette und schwere Äste von Bäumen, pellen sich alleine aus dem Brunnen des Parks, „Fontenen". Ringsum breitet sich über 1800 Quadratmeter ein eindrucksvolles Mosaik aus weißem und schwarzem Granit aus, für das Vigeland insgesamt 41 Jahre benötigte. Bei aller Anstrengung, die der Bau des Parks auf all seinen Ebenen erforderte, ist zweifellos der Monolith oder „Monolitten" das Meisterstück. Diese Statue, die höchste im Park, zeigt den verzweifelten Kampf ums Überleben. 120 menschliche Figuren bilden eine säulenartige Masse ineinander verschränkter, kraftloser Körper. Während Vigeland das Modell in nur zehn Monaten vollendete, brauchten drei Mitarbeiter insgesamt 14 Jahre, um die Figuren aus einem einzigen Granitblock zu schnitzen.

Rastloser Vigeland. Norwegen ist berühmt für seine Bildhauer und Architekten. Mit seiner unbändigen Fantasie und unglaublichen Produktivität nimmt Gustav Vigeland eine besondere Rolle ein. Seine ersten Erfahrungen sammelte er bei der Rekonstruktion des Nidarosdoms. Die Begegnung mit dem Mittelalter beeinflusste seine Ideen vom aufreibenden Kampf des Menschen wider die Sünde und die Natur. Bis zu seinem Tod 1943 hatte er nicht nur Skulpturen, Skizzen und Zeichnungen geschaffen, sondern auch das Modell für die Medaille des Friedensnobelpreises entworfen. So viel Norwegen seinem kreativen Genius auch schuldet, nichts davon wäre ohne die Zusammenarbeit mit anderen entstanden, was insbesondere für den Vigeland-Skulpturenpark gilt.

Auf Rosen gebettet. Im Frühling und Sommer bekommen die stoischen Granit- und Bronzefiguren Gesellschaft von über 14 000 Rosen. 150 verschiedene Sorten verbreiten einen unglaublichen Duft. Wenn die Blumen im Frost absterben, belebt die Blüte der Jugend beim Eislaufen und Skifahren den Frognerpark.

21

22

KRISTIANSAND

Der Ort. Betriebsame Häfen mit Jollen und Jachten, die durch die Schären flitzen, und kalkweiße Holzhäuser, die sich von der Felsküste und dem dahinterliegenden Ozean abheben, prägen den Geburtsort der Kronprinzessin Mette-Marit in Südnorwegen.

Was ist zu sehen? An sonnigen Tagen schaukeln Kajaks und Kanus auf dem Binnenfluss Blindleia. Der drei Kilometer lange Strand von Hamresanden bietet sich für sportliche Aktivitäten oder entspanntes Sonnenbaden an. Auf einem Bummel durch das historische Zentrum von Kristiansand, Posebyen, erwachen die alten Heime der Arbeiter und Künstler wieder zum Leben. Die weißen Holzhäuser des Viertels sind das architektonische Markenzeichen Südnorwegens. Nur wenige Minuten entfernt findet sich im Nachbarort Lillesand die gleiche Idylle mit den gleichen weißen Holzhäusern wie in Posebyen. Heute herrscht hier friedliche Ruhe, aber in früheren Zeiten waren diese Orte Schlachtfelder. Verteidigt wurden sie von Festungsanlagen wie Christiansholm.

Der südlichste Leuchtturm. Die Flut steigt am Hamresanden. Die Sonne taucht in ein Wolkenband ein, erleuchtet dessen Ränder und versinkt schließlich in der Mitte des Horizonts. Wenn es dunkel ist, wird die südlichste Spitze des norwegischen Festlands vom Licht des ältesten Leuchtturms Norwegens beleuchtet: dem Lindesnes. Der Leuchtturm wurde schon 1656 gebaut und zieht noch immer Reisende in seinen Bann, nicht nur diejenigen, die über See kommen, sondern auch solche, die zu Fuß unterwegs sind. Im Dunkeln, wenn die Lichtstreifen von Lindesnes die pechschwarzen Wellen in helles Grün und die Gischt des Ozeans in ein milchiges Goldgrün tauchen, breitet sich eine geisterhafte Atmosphäre aus. Wie einsam muss sich wohl der Leuchtturmwärter vor 400 Jahren gefühlt haben? Heute bringen ein kleines Kino und ein Café etwas Leben an den Ort. Wenn das Café schließt und die Sonne untergeht, sollten diejenigen bleiben, die ein bisschen mehr von der Magie dieses Ortes erleben wollen. In einem kleinen Haus, 2518 Kilometer südlich der heulenden Winde des Nordkaps, ziehen sie dann die Decke bis zu den Ohren – gerade so weit, dass das Rauschen des Ozeans noch zu hören ist.

22 atemberaubende Orte im längsten Land Westeuropas. Die erhabene Schönheit seiner Natur macht Norwegen zu einem der attraktivsten Reiseziele der Welt. Tief eingeschnittene Fjorde, ausgedehnte Wildnis und eine herrliche Küste prägen die spektakulären Landschaften. Aber Norwegen hat mehr zu bieten als eine schöne Natur. Es beherbergt auch pittoreske Städte und einzigartige Bauten. Es wird kaum möglich sein, alle 22 Orte auf einer einzigen Reise zu besuchen, aber jeder einzelne von ihnen ist ein unvergessliches Erlebnis, das Lust auf die nächste Norwegen-Reise macht.

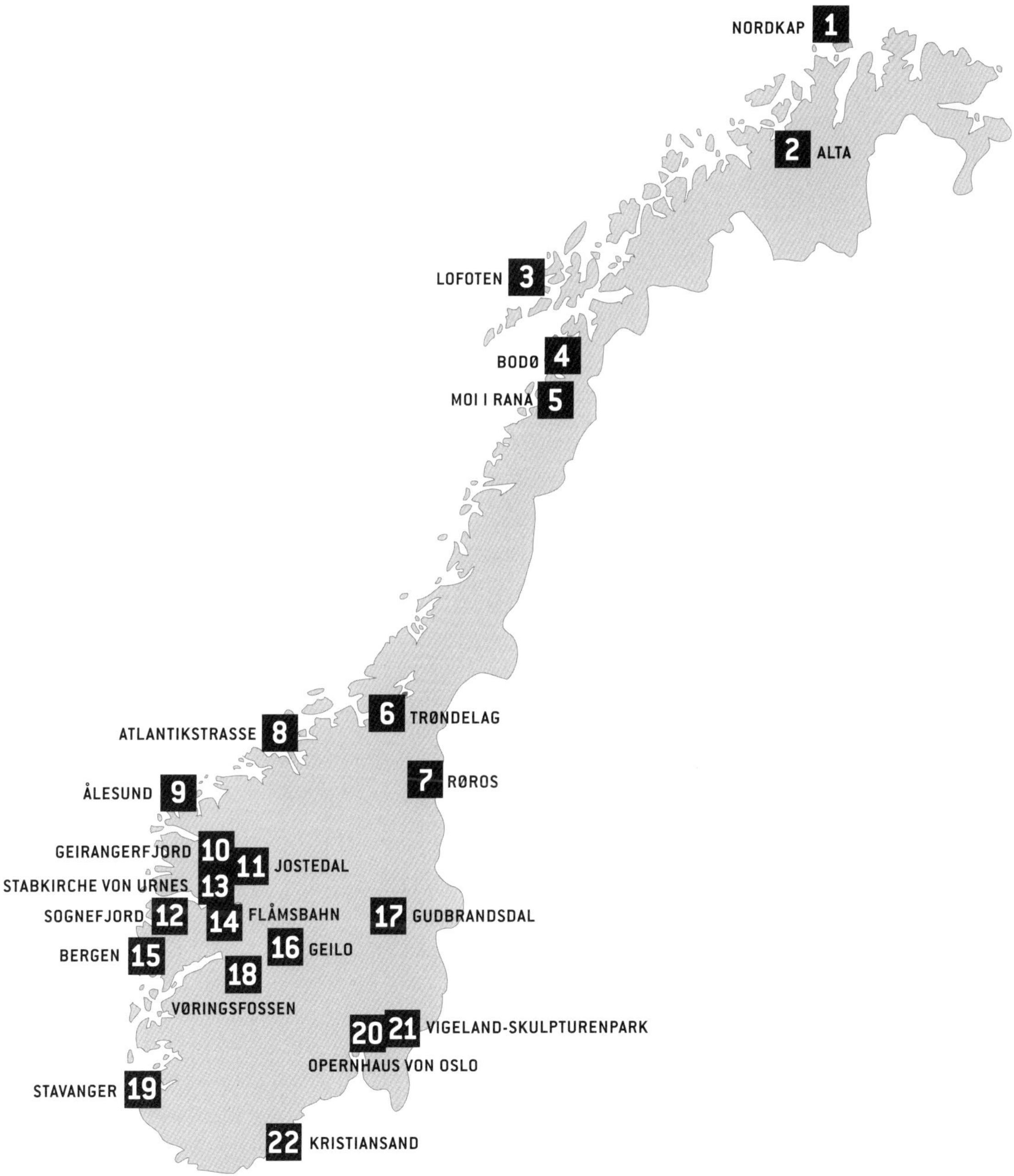

NORDKAP 1
2 ALTA
LOFOTEN 3
BODØ 4
MOI I RANA 5
6 TRØNDELAG
7 RØROS
ATLANTIKSTRASSE 8
ÅLESUND 9
GEIRANGERFJORD 10
11 JOSTEDAL
SOGNEFJORD 12
STABKIRCHE VON URNES 13
14 FLÅMSBAHN
BERGEN 15
16 GEILO
17 GUDBRANDSDAL
18 VØRINGSFOSSEN
STAVANGER 19
20 OPERNHAUS VON OSLO
21 VIGELAND-SKULPTURENPARK
22 KRISTIANSAND

Impressum

Deutsche Ausgabe veröffentlicht von NATIONAL GEOGRAPHIC DEUTSCHLAND
(G+J/RBA GmbH & Co KG), Hamburg 2013.

Titel der englischen Originalausgabe:
22 Places You Absolutely Must See in Norway

Konzept: Crymogea
Fotos: Páll Stefánsson
Text: Nic Cavell
Layout: Snaefrid Thorsteins
Litho: Christopher Lund
Herstellung: Prentmidlun

Produktion der deutschen Ausgabe:
Bintang Buchservice GmbH, www.bintang-berlin.de
Valeska Henze, Übersetzung
Jessika Zollickhofer, Lektorat
Gritta Deutschmann, Satz

Umschlaggestaltung:
www.anjagrimmgestaltung.de (Gestaltung)
www.stephanengelke.de (Beratung)
Umschlagvorderseite: Sognefjord
Umschlagrückseite: Historische Holzhäuser in Bergen
Fotografien von Páll Stefánsson

Printed in Poland
ISBN 978-3-86690-277-0

Die National Geographic Society, eine der größten gemeinnützigen wissenschaftlichen Vereinigungen der Welt, wurde 1888 gegründet, um «die geographischen Kenntnisse zu mehren und zu verbreiten». Sie unterstützt die Erforschung und Erhaltung von Lebensräumen sowie Forschungs- und Bildungsprogramme. Ihre weltweit mehr als neun Millionen Mitglieder erhalten monatlich das NATIONAL GEOGRAPHIC-Magazin, in dem die besten Fotografen ihre Bilder veröffentlichen sowie renommierte Autoren aus nahezu allen Wissensgebieten der Welt berichten. Ihr Ziel: *inspiring people to care about the planet*, Menschen zu inspirieren, sich für ihren Planeten einzusetzen.

Die National Geographic Society informiert nicht nur durch das Magazin, sondern auch durch Bücher, Fernsehprogramme und DVDs.
Falls Sie mehr über NATIONAL GEOGRAPHIC wissen wollen, besuchen Sie unsere Website unter www.nationalgeographic.de.